Piezīmēm

www.jumava.lv

Izdevējs — apgāds "Jumava", Dzirnavu iela 73, Rīgā LV 1011.

Problems: loss, theft, violence

Help!	Palīgā!
I'll scream!	Es kliegšu!
Police!	Policija!
Stop!	Stāt!/Stāvi!
Thief!	Zaglis!

survival
LATVIAN

A Traveller's
Phrasebook and
Guide

survival LATVIAN

A Traveller's Phrasebook and Guide

Compiled by J. Baldunčiks

JUMAVA

UDK 811.111 = 174 (038)
Su 730

Mākslinieks *Jānis Jaunarājs*
Redaktors *Juris Baldunčiks*
Tehniskā redaktore *Irēna Soide*
Korektore *Brigita Šoriņa*

ISBN 9984 – 05 – 922 – 7   © Apgāds "Jumava", 2005
© Jānis Jaunarājs, māksliniecīskais noformējums, 2005

PREFACE

You have arrived to Latvia or plan a visit to this Baltic country. The aim of this phrase book is to help you on your trip or longer stay. It provides you with the simplest, yet most effective way you can express your needs in an unfamiliar language. The chapters of the book are logically arranged so you can find the right word or phrase at the moment you wish it. In some cases you will find help in understanding what people say to you in reply to your questions.

SURVIVAL LATVIAN features

- phrases and basic vocabulary you may need on your trip or longer stay;
- a simple pronunciation guide;
- factsheet, a brief story of the Latvian language, travel information, useful practical tips and hints.

SURVIVAL LATVIAN gives you advice about small but not unimportant details, and tells you whom to turn to in various situations. To make the most of SURVIVAL LATVIAN we suggest you start with the

Pronunciation Guide and Basic Grammar. Then go on to Basic Everyday Expressions.

We sincerely hope that your stay in Latvia will be memorable in the best sense of the word and that you will leave this country wishing to visit us again.

CONTENT

Preface	5
Latvia — Factsheet	11
The Latvian language	13
Pronunciation guide	15
Basic grammar	17
Nouns and adjectives	17
Personal pronouns	18
Verbs	19
Prepositions	20
Cardinal numbers	22
Ordinal numbers	24
Basic everyday words and expressions	26
Titles and addresses	25
Greeting, meeting, parting	26
Thanks and replies	28
Agreement, disagreement	28
Requests and replies	28
Questions	29
Apologies and replies	30
Assumption, hope, doubt	30
Congratulations, wellwishing	30
Often used adjectives	31

8 Content

Time	32
Days	33
Months	34
Seasons	35
Public holidays	36
Colours	36
Signs and notices	37
Arrival	40
Passport control	40
Visa requirements	41
Customs	41
Talking about journey	43
Accomodation	44
Booking, talking about hotel rooms	44
Checking in	46
Problems	49
In the room	50
Checking out	51
Making friends	52
Occupations	54
Languages	56
Asking the way	57
Getting around town	59
By taxi	59
By bus, tram, or trolleybus	60
Travelling by coach	63
Travelling by train	64
Travelling by plane	67

Content 9

Travelling by boat	70
Car and motorbike travel	71
Sightseeing	79
In the street.	80
Museum, gallery, exhibition, show	82
Telephones	85
At the post office	88
Money	90
Shopping	92
General expressions	92
Pharmacy/chemist's	96
Toiletries	97
Footwear	98
Clothing	99
Food	101
Bookshop, stationery, newsagent's	105
Souvenirs	106
Eating and drinking out	109
Ordering a drink and a snack	110
Dining in a restaurant	111
Entertainments	121
Theatre	121
Cinema	123
Concert, nightclub, casino, circus	124
Studies in Latvia	126
Health	128
Problems: loss, theft, violence	133

LATVIA — FACTSHEET

Republic of Latvia is a parliamentary republic. It became an independent state in 1918. Following the signing of the Molotov–Ribbentrop Pact in 1939, it was occupied by the Red Army in June 1940, and forcefully incorporated into the Soviet Union. Latvia regained its independence in 1991.

Latvia is situated on the Baltic Sea coast in northeastern Europe. It neighbours Estonia, Russia, Belarus, and Lithuania. The coastal plain is flat, but further to the east the land is hilly with forests and lakes. Forests cover a total of 43% of the country. There are more than 3,000 lakes and 12,000 rivers and streams. The highest hill is Gaiziņš (311 m above sea level).

Area — 64,589 sq. km

Administrative division — 26 districts and 7 municipalities (Riga, Daugavpils, Liepāja, Jelgava, Jūrmala, Ventspils, Rēzekne)

Total length of border — 1862 km

Capital — Riga, founded in 1201. The capital of Latvia is the largest city in the Baltics and the third largest port on the Baltic Sea. Old Town (Old Riga) is a UNESCO World Heritage Site

Climate — Maritime

Population — 2,317,454 (2004); 70% are urban and 30% are rural residents

Ethnic groups — Latvians (58.6%), Russians (28.8%), Belorussians (3.9%), Ukrainians (2.6%), Poles (2.5%), Lithuanians (1.4%), others (2.2%)

Official language — Latvian

Currency — Lats (LVL)

International country ID — LV

Main religious denominations — Lutheran, Roman Catholic, Russian Orthodox

UN member state — since September 1991

NATO member state — since April 2004

EU member state — since May 2004

THE LATVIAN LANGUAGE

Latvian, formerly also known as Lettish, belongs to the Baltic branch of the Indo-European language family. The Baltic languages presently number only two — Latvian and Lithuanian — several others, including Old Prussian, having died out centuries ago. These languages retain a number of archaic features that disappeared from other Indo-European languages long before they were committed to writing. Some Lithuanian and Latvian words are identical or near identical to the Sanskrit.

In the 1st millennium B.C. and for several centuries into the Common Era, Baltic people occupied a large area extending from the Oka River, near present-day Moscow, to the Baltic Sea, reaching into lands that now are parts of Poland and Germany. In the middle of the first millennium A.D. the eastern Balts were forced to move westward by the more numerous Slavs. By the 11th century the Slavs gradually brought under their control eastern and central principalities of Lettgallians and Selonians, especially along the River Daugava. In the 13th century almost all areas populated by Latvian ancestors were conquered by German crusaders. Although in later centuries some parts temporarily came under Swedish or Polish rule, and, finally, all regions of Latvia were incorporated into the Russian Empire, the dominance of German landlords and burghers continued till the 1st World War. This mixture of conquering peoples and their languages has had a noticeable effect on the Latvian language.

Its earliest texts (in Gothic script) date from the 16th century. Modern Latvian employs Roman script with a number of diacritical marks to indicate specific sounds (see Pronunciation Guide).

Latvian is spoken by close to 1.5 million ethnic Latvians: about 1.3 million in Latvia, and through emigration in the USA, Australia, Canada, and a few other countries. It is the second language of other ethnic groups in Latvia.

PRONUNCIATION GUIDE

The Latvian language has a simple phonographemic writing system which means that each sound (with two exceptions) is always expressed only by one corresponding letter. Unlike English, French or German there are no letter clusters to represent one sound, there are no mute letters either.

A number of letters have diacritical marks. A macron (horizontal line) indicates a long vowel, a cedilla under certain consonants adds *y* sound to represent palatalisation, while caron indicates some sibilants.

The Latvian alphabet is as follows:

Aa Āā Bb Cc Čč Dd Ee Ēē Ff Gg Ģģ Hh Ii Īī Jj Kk Ķķ Ll Ļļ Mm Nn Ņņ Oo Pp Rr Ss Šš Tt Uu Ūū Vv Zz Žž

The letters (sounds) *b, d, f, g, h, k, l, m, n, p, s, t, v,* and *z* are very similar to their English counterparts, although *b, p, d, t, g, k* are not aspirated.

The letter *r* is trilled (as in Russian or Spanish).

The letter *c* is pronounced like *ts*, but more compact (as in Russian or German).

Pronunciation guide

The letters *č, š, ž* are pronounced like initial *ch, sh,* and *zh* respectively.

The letters *ģ, ķ, ļ, ņ* are pronounced palatalized.

The letter *j* is pronounced like *y* in *yacht*.

The short and long vowels are: *a* as in *hut*, *ā* as in *arm*; *e* as in *bed*, *ē* similar to *bare*; *i* as in *pin*, *ī* as in *street*; *u* as in *book*, *ū* as in *boot*.

The letter *o* is a diphthong in native Latvian words, somewhat similar to *poor* (closely resembles Finnish *Suomi*); in modern loanwords it is pronounced like short or long *o* in *lot* and *law* respectively.

Latvian diphthongs, e. g. *ai, ei, au* as in *bye, bay, bow,* are fully pronounced, not like their English counterparts where the first sound is pronounced much stronger than the second.

The *ie* combination is pronounced somewhat similarly to *ea* in *beard*.

In Latvian it is important to stress the first syllable!

BASIC GRAMMAR

Nouns and adjectives

There are two genders (masculine and feminine) in Latvian. Gender is marked by specific endings of nouns: masculine endings being -s, -is, -š, -us; feminine endings being -a, -e, -s. Adjectives (masculine ending s, feminine ending -a) and most numerals agree with the noun in gender and case, adjectives also in number. Latvian is a highly flectional language. Unlike English, where we find only two noun cases (common and possessive), Latvian has seven, e. g.

a big shop — liels veikals (*masculine*)

a big airport — liela lidosta (*feminine*)

Nominative:	liels veikals	liela lidosta
Genitive:	liela veikala	lielas lidostas
Dative:	lielam veikalam	lielai lidostai
Accusative:	lielu veikalu	lielu lidostu
Instrumental:	ar lielu veikalu	ar lielu lidostu
Locative:	lielā veikalā	lielā lidostā
Vocative:	liels veikals! (*used very seldom with inanimate things*)	liela lidosta!

18 Basic grammar

There is a relatively small number of borrowed nouns and adjectives which are not declinable (retain the same form in all cases), e. g. ateljē, radio, tabu, haki, rozā.

Personal pronouns show additional features of gender, number and formality:

I	es
you	tu (*informal singular*), jūs (*formal singular*)
he	viņš
she	viņa
it	tas (*masculine*), tā (*feminine*)
we	mēs
you	jūs (*both informal and formal plural*)
they	viņi, tie (*masculine*), viņas, tās (*feminine*)

Personal pronouns are declinable, e.g.

Nominative:	es	tu	mēs	jūs
Genitive:	manis	tevis	mūsu	jūsu
Dative:	man	tev	mums	jums
Accusative:	mani	tevi	mūs	jūs
Instrumental:	ar mani	ar tevi	ar mums	ar jums
Locative:	manī	tevī	mūsos	jūsos

Verbs

Personal forms display greater variety than in English, e. g.

I go	Es eju	We go	Mēs ejam
You go	Tu ej	You go	Jūs ejat
He/she/ it goes	Viņš/viņa/tas, tā iet	They go	Viņi/viņas/ tie, tās iet
I fly	Es lidoju	We fly	Mēs lidojam
You fly	Tu lido	You fly	Jūs lidojat
He/she/ it flies	Viņš/viņa/tas, tā lido	They fly	Viņi/viņas/ tie, tās lido
I am	Es esmu	We are	Mēs esam
You are	Tu esi	You are	Jūs esat
He/she/ it is	Viņš/viņa/tas, tā ir	They are	Viņi/viņas/ tie, tās ir

Latvian verb has simple and perfect tense forms, and various kinds of participles. But Latvian does not have the verb "to have", therefore the meaning 'to be in possession of' or 'to possess, to contain' is expressed by a noun (personal pronoun) in the dative case and the third person form of the verb "to be", e. g.

I have	Man ir	The shop has	Veikalam ir
You have	Tev ir	The airport has	Lidostai ir

Prepositions

In Latvian, various relations of nouns (or pronouns) to the other words in the sentence are expressed by noun inflexions (or pronoun forms) of genitive, dative or other cases (see Basic Grammar), e. g. He lives *in Riga* — Viņš dzīvo *Rīgā*; This is *for you* — Tas ir *jums*. Such uses in this section are marked CF (case form). However, a number of English prepositions have partially corresponding Latvian prepositions or adverbs.

about	par; pa (*place*)
above	virs
after	pēc (*time*); aiz (*place*)
against	pret
at	CF / pie (*place*)
before	pirms (*time, place*)
between	starp
by	pie (*place*); ar (*means of*)
down	lejā; lejup pa; pa (*along*)
for	CF / par
from	no
in	CF / iekšā (*place*)
inside	iekšpusē; iekšā
into	CF
of	CF / par
on	CF / uz (*place*); par (*about*)

out of	no
outside	ārpusē; ārā
over	virs
since	kopš
through	caur
to	CF / uz (*direction, destination*); pie (*to somebody*); līdz (*time; proximity*)
under	zem
until	līdz
up	augšā; augšup
with	ar
without	bez

English phrases with prepositions and their translations

at a speed	ar ātrumu
at home	mājās
at last	beidzot
at least	vismaz
at once	tūlīt
at work	darbā
by the way	starp citu
for example	piemēram
for ever	uz visiem laikiem

22 Basic grammar

in fact	būtībā, faktiski
in the street	ielā, uz ielas
in time	laikā
on foot	kājām

Cardinal numbers

Numbers 1–2 and 4–9 can have masculine (as in this section) or feminine endings.

0	zero	nulle
1	one	viens
2	two	divi
3	three	trīs
4	four	četri
5	five	pieci
6	six	seši
7	seven	septiņi
8	eight	astoņi
9	nine	deviņi
10	ten	desmit
11	eleven	vienpadsmit
12	twelve	divpadsmit
13	thirteen	trīspadsmit
14	fourteen	četrpadsmit
15	fifteen	piecpadsmit
16	sixteen	sešpadsmit

17	seventeen	septiņpadsmit
18	eighteen	astoņpadsmit
19	nineteen	deviņpadsmit
20	twenty	divdesmit
21	twenty-one	divdesmit viens
30	thirty	trīsdesmit
40	forty	četrdesmit
50	fifty	piecdesmit
60	sixty	sešdesmit
70	seventy	septiņdesmit
80	eighty	astoņdesmit
90	ninety	deviņdesmit
100	a hundred	simts
101	a hundred and one	simt viens
200	two hundred	divi simti/divsimt
300	three hundred	trīs simti/trīssimt
1000	a thousand	tūkstotis/tūkstoš
2000	two thousand	divi tūkstoši
100,000	a hundred thousand	simt tūkstoši
1,000,000	a million	miljons

Basic grammar

Ordinal numbers

Numbers can have masculine (as in this section) or feminine endings.

first	pirmais
second	otrais
third	trešais
fourth	ceturtais
fifth	piektais
sixth	sestais
seventh	septītais
eighth	astotais
ninth	devītais
tenth	desmitais
once	vienreiz
twice	divreiz
three times	trīsreiz
a half	puse
one and a half	pusotra
a quarter	ceturtdaļa
three quarters	trīs ceturtdaļas
a third	trešdaļa
two thirds	divas trešdaļas
a pair of	pāris

a dozen	ducis
1 per cent	1 procents
2 per cent	2 procenti
2.5 two point five	2,5 divi komats pieci

BASIC EVERYDAY WORDS AND EXPRESSIONS

Words in square brackets are optional.

Titles and addresses

Mr.	kungs
Mrs./Ms	kundze
Miss	jaunkundze
Mr. Brown	Brauna kungs
Mrs./Ms Brown	Brauna kundze
Sir	kungs
Madam	kundze
Ladies and gentlemen!	Dāmas un kungi!
Attention [please]!	Uzmanību!

Greeting, meeting, parting

Hello./Hi.	Sveiki!
Good morning.	Labrīt!
Good afternoon.	Labdien!

Basic everyday words and expressions 27

Good evening.	Labvakar!
I am ... /My name is ...	Es esmu ... /Mani sauc ...
This is Mr. ...	Iepazīstieties, šis ir ... kungs.
This is Mrs./Ms ...	Iepazīstieties, šī ir ... kundze.
How do you do?	Sveicināti!
Hello, how are you?	Sveiki, kā klājas?
Very well, thanks.	Paldies, ļoti labi.
And you?	Un jums?
Fine, thank you.	Paldies, labi.
I'm pleased to meet you.	Priecājos jūs redzēt./Priecājos ar jums iepazīties (*when meeting a person for the first time*).
I've been looking forward to a meeting with you.	Es ļoti gaidīju tikšanos ar jums.
What's your name?	Kā jūs sauc?
I'm ...	Mans vārds ir ...
I'm from ...	Es esmu no ...
Do you speak English?	Vai jūs runājat angliski?
Good bye.	Uz redzēšanos!/Sveiki!
Good night.	Arlabunakti!
All the best!	Visu labu!
See you later.	Uz redzēšanos!

28 Basic everyday words and expressions

Thanks and replies

Thank you.	Paldies!
Thank you very much.	Liels paldies!
You're welcome.	Lūdzu!/Laipni lūdzu!

Agreement, disagreement

Yes.	Jā.
No.	Nē.
Yes, please.	Jā, lūdzu!
No, thank you.	Nē, paldies!
Of course/Sure.	Protams.
Of course, not.	Protams, nē.
That's right.	Pareizi.
OK./All right.	Labi.
Great!	Lieliski!

Requests and replies

I'd like …	Es vēlētos …
Pardon?	Ko, lūdzu?
Can you … [tell me] …?	Vai jūs … [man pateiktu]…?

Please... [give me]...	Lūdzu... [dodiet man] ...
Here you are.	Lūdzu!
May I come in?	Vai drīkstu ienākt?
Yes.	Lūdzu.
May I have a look?	Vai drīkstu apskatīt?
Will you, please ...?	Vai jūs, lūdzu, varētu ...?
Just a moment!	Acumirkli!

Questions

Who?	Kas?
Who's there?	Kas tur ir?
What?	Kas?
What does this/that mean?	Ko tas nozīmē?
Which?	Kurš? (*masculine*)/ Kura? (*feminine*)
Whose?	Kā?
Where?	Kur?
Where is/are ...?	Kur ir ...?
When?	Kad?
How?	Kā?
How much?/How many?	Cik?
Why?	Kāpēc?

Apologies and replies

Excuse me, please.	Atvainojiet, lūdzu.
I'm sorry.	Piedodiet.
Sorry, I can't.	Diemžēl nevaru.
What a pity!	Žēl gan!
That's OK.	Nekas./Viss kārtībā.
Don't worry!	Neuztraucieties!

Asumption, hope, doubt

Perhaps./Maybe.	Varbūt.
I hope so.	Ceru, ka tā.
I doubt it.	Es par to šaubos.
Really?	Patiešām?
Is that right?	Vai tā ir taisnība?
Are you sure?	Vai esat pārliecināts?
Impossible.	Nevar būt.
It's incredible!	Neticami!

Congratulations, wellwishing

Congratulations!	Apsveicu!
Merry Christmas!	Priecīgus Ziemassvētkus!
Happy New Year!	Laimīgu Jauno gadu!

Happy birthday (to you)!	Daudz laimes dzimšanas dienā!
Have a nice trip!	Laimīgu ceļu!
Have a good time!	Novēlu labi pavadīt laiku!
All the best!	Vēlu visu to labāko!
Cheers!	Uz veselību!
To you!	Par jums!

Often used adjectives

Adjectives can have masculine (as in this section) or feminine endings.

beautiful/ugly	skaists/neglīts
big/small	liels/mazs
early/late	agrs/vēls
expensive/cheap	dārgs/lēts
good/bad	labs/slikts
heavy/light	smags/viegls
hot/cold	karsts/auksts
long/short	garš/īss
near/far	tuvs/tāls
old/new	vecs/jauns
old/young	vecs/jauns
open/shut	atvērts/slēgts

32 Basic everyday words and expressions

quick/slow	ātrs/lēns
right/wrong	pareizs/nepareizs
tall/short	garš/īss

Time

3.00	Trīs./Tieši trīs
3.10	Trīs un desmit minūtes./Desmit [minūtes] pāri trijiem
3.15	Trīs un piecpadsmit minūtes./Ceturksnis pāri trijiem
3.30	Trīs un trīsdesmit minūtes./Pusčetri
3.40	Trīs un četrdesmit minūtes./Bez divdesmit [minūtēm] četri
3.45	Trīs un četrdesmit piecas minūtes./Bez ceturkšņa četri
Excuse me, what's the time?	Atvainojiet, cik ir pulkstenis?
It's six o'clock.	Pulkstenis ir seši./Ir pulksten seši.

When?	Cikos?/Kad?
At six o'clock.	Pulksten sešos
before/after	pirms/pēc
in time/late	laikā/nokavējies
noon/midnight	dienasvidus, pusdienlaiks/pusnakts
second/minute/hour	sekunde/minūte/stunda
half an hour	pusstunda

Days

What day is it today?	Kas šodien par dienu?
Sunday	svētdiena
Monday	pirmdiena
Tuesday	otrdiena
Wednesday	trešdiena
Thursday	ceturtdiena
Friday	piektdiena
Saturday	sestdiena
day	diena
day off	brīva diena
holiday	brīvdiena, svētku diena
holidays	brīvdienas, svētki
school holidays	skolas brīvdienas
vacation	atvaļinājums
birthday	dzimšanas diena

Basic everyday words and expressions

week	nedēļa
weekday	darbdiena
weekend	nedēļas nogale
in the morning	no rīta
during the day	dienā
in the afternoon	pēcpusdienā
in the evening	vakarā
at night	naktī
today	šodien
yesterday	vakar
the day before yesterday	aizvakar
tomorrow	rīt
the day after tomorrow	parīt
two days ago	pirms divām dienām
this week	šonedēļ
last week	pagājušajā nedēļā
in two days	pēc divām dienām
next week	nākamajā nedēļā
forthight	divas nedēļas

Months

January	janvāris
February	februāris
March	marts
April	aprīlis

Basic everyday words and expressions

May	maijs
June	jūnijs
July	jūlijs
August	augusts
September	septembris
October	oktobris
November	novembris
December	decembris
month	mēnesis
year	gads
July 4	ceturtais jūlijs
since June	kopš jūnija
this month	šajā mēnesī, šomēnes
last month	pagājušajā mēnesī
next month	nākamajā mēnesī

Seasons

spring	pavasaris
summer	vasara
autumn, fall	rudens
winter	ziema
in summer	vasarā
this summer	šovasar
last summer	pagājušajā vasarā
next summer	nākamajā vasarā

Public holidays

New Year's Day, January 1	**Jaungads, Jaungada diena**
Good Friday	**Lielā piektdiena**
Easter	**Lieldienas**
Labour Day, May 1	**Darba svētki**
Declaration of Independence (1991) Day, May 4	**Neatkarības deklarācijas pasludināšanas diena**
Mother's Day	**Mātes diena**
Midsummer Night's Eve, June 23	**Līgo diena**
John's Day, June 24	**Jāņu diena**
Independence Day, November 18	**Latvijas Republikas proklamēšanas diena**
Christmas, December 25–26	**Ziemassvētki**
New Year's Eve, December 31	**Vecgada diena**

Colours

black	melns
blue	zils
brown	brūns
crimson	purpursarkans

dark	tumšs
golden	zeltains
green	zaļš
grey	pelēks
khaki	haki
light	gaišs
lilac	ceriņkrāsas
orange	oranžs
pale	gaišs
pink	sārts; rozā
purple	violets, lillā
red	sarkans
silver	sudrabains
white	balts
yellow	dzeltens

Signs and notices (*in Latvia*)

Apdraud dzīvību	Danger of Death
Atlaides	Discounts
Atvērts/Slēgts	Open/Closed
Autostāvvieta	Parking
Brīvs/Aizņemts	Vacant/Occupied
Dienesta ieeja	For Personnel Only
Grūst/Vilkt	Push/Pull
Ieeja	Entrance

Basic everyday words and expressions

Ieeja aizliegta	No Entrance
Ieeja brīva	Entrance Free
Izeja	Exit
Izpārdošana	Sale; Clearance
Izpārdots	Sold Out
Karsts/Auksts	Hot/Cold
Kase	Box-Office; Booking-Office; Ticket Office; Cash Desk
Lifts	Lift, Elevator
Nedarbojas/Nestrādā	Out of Order
Nesmēķēt	No Smoking
Peldēties aizliegts	Swimming forbidden/ No Swimming
Privātīpašums	Private property
Remonts	Repairs; Renovation
Rezerves izeja	Emergency Exit
Rezervēts	Reserved
S/Sievietēm	Ladies'
Smēķētava	Smoking Area
Tualete	Toilet, Rest-Room
Uzmanību — nikns suns	Beware of the Dog
Uzziņas	Information; Inquiry Office
V/Vīriešiem	Gentlemen, Gents, Men's Room

Basic everyday words and expressions 39

A few more useful words

also/too/as well	arī
always	vienmēr
and	un
a few	daži
here	šeit
less	mazāk
little/few	maz
a little	mazliet
many/much/a lot of	daudz
more	vairāk
never	nekad
nobody	neviens
nothing	nekas
now	tagad
often	bieži
or	vai
perhaps	varbūt
some/any	daži
somebody	kāds
something	kaut kas
sometimes	dažreiz
soon	drīz
then	tad
there	tur
usually	parasti
very	ļoti

ARRIVAL

You have arrived to Latvia and you have to go through passport and customs formalities. As a rule, immigration and customs officers can communicate in English. However, some phrases might be useful.

Passport control

Here's my passport.	Šeit ir mana pase.
I'll be staying…	Es uzturēšos…
a few days	dažas dienas
a week	nedēļu
two weeks	divas nedēļas
a month	mēnesi
three months	trīs mēnešus
Sorry, I don't understand.	Piedodiet, es nesaprotu.
I'm here on holiday.	Es šeit pavadīšu brīvdienas.
I'm here on business.	Es šeit esmu darba darīšanās.

Visa requirements

No visa is required for citizens of EU countries, Croatia, Japan, Switzerland, the USA, and Vatican City. Citizens of some other countries, e.g. Australia, Canada, New Zealand, can obtain visa without an invitation. Visas are issued for 30 days and can be extended up to 90 days. Longer stays require a residency permit.

Customs

The basic customs regulations are the same as in the rest of Europe. Every person is entitled to bring into Latvia goods worth up to LVL 150 (approx. 210 euros) without paying any duties. A person who is at least 18 years old may bring 1 litre or one unit (should not exceed 3 litres) of alcoholic drinks and 200 cigarettes or 20 cigars or 200 grams of tobacco.

The customs officers may ask:

Vai jums ir kas deklarējams?	Have you anything to declare?
Lūdzu, atveriet šo somu!	Open this bag, please!

42 Arrival

Par šo jums vajadzēs maksāt muitas nodevu.	You'll have to pay duty on this.
Lūdzu, izkāpiet no mašīnas!	Please step out of the car!
Lūdzu, atveriet bagāžnieku!	Open the boot (trunk), please!

Possible answers

I've nothing to declare.	Man nav nekā deklarējama.
I've a...	Man ir...
bottle of perfume	smaržu pudelīte
bottle of whisky	viskija pudele
carton of cigarettes	cigarešu paka
bottle of wine	vīna pudele
Must I pay on this?	Vai man par to ir jāmaksā?
How much must I pay?	Cik man jāmaksā?
These things are for my personal use.	Tās ir manas personīgās mantas.

Talking about journey

Vai ... bija patīkams?
  lidojums
  brauciens
Yes, ... thanks,
  very good indeed
  pretty good
No, ...
  not very good
  rather tiring
  pretty exhausting

Did you have a good ...?
  flight
  journey
Paldies, ...
  ļoti patīkams
  diezgan labs
Nē, ...
  ne īpaši
  diezgan nogurdinošs
  ļoti mokošs

ACCOMODATION

Many tourists and business people stay in the largest international hotels like *Hotel de Rome, Reval Hotel Latvija* or *Radisson SAS*. These hotels provide visitors with a variety of services: exchanging money, arranging tours, making restaurant reservations, securing theatre and concert tickets, ordering taxis, providing conference facilities, etc. Each has a souvenir shop, kiosks, bars, and one or several restaurants. The rooms should be booked well in advance.

However, there are smaller and cheaper hotels and guest-houses throughout Latvia where the range of services is not so wide and the personnel are not so fluent in English.

Booking, talking about hotel rooms

Have you any vacancies, please?	Vai jums, lūdzu, ir brīvas vietas?
Can I book a room?	Vai es varu pasūtīt numuru?

Accomodation

I'd like (a) ...	Es vēlētos ...
single room	vienvietīgu numuru
double room	divvietīgu numuru
two single rooms	divus vienvietīgus numurus
with a bath	ar vannu
with a shower	ar dušu
with twin beds	ar divām vienvietīgām gultām
with a view to...	ar skatu uz ...
Is there ... in the room?	Vai numurā ir ...?
air conditioning	gaisa kondicionētājs
a TV set	televizors
hot water	karsts ūdens
What's the price for the room ...?	Cik maksā šis numurs ...?
per night	diennaktī
per week	nedēļā
with full board	ieskaitot maltītes
including breakfast	ieskaitot brokastis
including service	ieskaitot pakalpojumus
Is there any reduction for children?	Vai ir cenu atlaide bērniem?
That's too expensive.	Tas ir pārāk dārgi.
Haven't you got anything cheaper?	Vai jums nav kas lētāks?

May I see the room?	Vai es varētu apskatīt numuru?
No, I don't like it.	Nē, man tas nepatīk.
No, thanks, I won't take it.	Nē, paldies, es neņemšu.
It's too ...	Manā numurā ir pārāk ...
hot/cold	karsti/auksti
dark	tumši
noisy	trokšņaini
in my room.	
Do you have anything ...?	Vai jums ir ... numuri?
better	labāki
cheaper	lētāki
bigger	lielāki
quieter	klusāki
I'd like a room ...	Es vēlētos numuru ... stāvā.
higher up	augstākā
lower down	zemākā
OK. I'll take it.	Labi. Es to ņemšu.

Checking in

Upon arrival at a hotel you go to the receptionist.

I have a booking.	Es esmu pasūtījis numuru.

I've got a reservation.	Es esmu rezervējis numuru.
We've reserved two rooms, a single and a double.	Mēs rezervējām divus numurus, vienvietīgu un divvietīgu.
Here's the confirmation.	Šeit ir apstiprinājums.

You will be asked to fill in a registration form. Apart from your name, the required information may include your home address, passport number, and the length and/or purpose of stay. It is almost certain to carry an English translation. If it doesn't, ask the receptionist about each item in the registration form:

Ko tas nozīmē?	What does this mean?

The receptionist may want to ask you the following questions:

Lūdzu, parādiet man savu pasi!	Please, show me your passport.
Lūdzu, aizpildiet šo reģistrācijas veidlapu!	Please, fill in this registration form.
Lūdzu, parakstieties šeit!	Please, sign here.
Cik ilgi jūs paliksiet?	How long will you be staying?
Kā varu jums palīdzēt/ pakalpot?	Can I help you?

48 Accomodation

I'll be staying here ...	Es palikšu te ...
overnight only	tikai vienu diennakti
a few days	dažas dienas
a week	nedēļu
some two/three weeks	kādas divas/trīs nedēļas

Useful words

bath	vanna
hot water	karstais ūdens
key	atslēga
lift	lifts
maid/room-maid	istabene
manager	vadītājs/direktors
porter	nesējs
receptionist	reģistrators
room (*in a hotel*)	numurs/istaba
room service	pakalpojumi
shower	duša
telephone	telefons
waiter/waitress	viesmīlis/viesmīle *or* oficiants/oficiante

Questions

What's my room number?	Kāds ir manas istabas numurs?
Will you have my/our	Lūdzu, lieciet, lai man/

Accomodation

bags sent up?	mums somas nogādā numurā.
Where is the key to my room?	Kur ir mana numura atslēga?
Give me my key, please, number ...?	Lūdzu, iedodiet manu atslēgu numur ...
Where's the ...?	Kur atrodas ...?
beauty parlour/salon	skaistumkopšanas salons
hairdresser's	sieviešu frizētava
barber's	vīriešu frizētava
swimming pool	peldbaseins

Problems

The ... doesn't work.	... nedarbojas.
air conditioner	gaisa kondicionētājs
heating	apkure
toilet	tualete
tap	krāns
TV set	televizors
I can't open the wardrobe.	Es nevaru atvērt skapi.
The door won't lock.	Durvis nevar atslēgt.
The washbasin is clogged.	Izlietne ir aizsērējusi.

50 Accomodation

The bulb is burnt out.	Spuldze izdegusi.
There's no [hot] water.	Nav [karstā] ūdens.
The bedside lamp is broken.	Naktslampa nedeg.
The switch is broken.	Slēdzis ir bojāts.
The plug is broken.	Kontaktdakša ir bojāta.
Can you get it repaired?	Vai to varētu salabot?
May I have a/an/some ...?	Vai es varētu dabūt ...?
ashtray	pelnutrauku
extra blanket/pillow	vēl vienu segu/spilvenu
more hangers	vēl dažus drēbju pakaramos

In the room

Who is it?	Kas tur ir?
Just a minute, please.	Lūdzu, mirkli pagaidiet!/ Vienu mirklīti!
Come in, please.	Lūdzu, nāciet iekšā!
Can we have our breakfast in our room?	Vai mēs varam pasūtīt brokastis numurā?
Please, will you have it washed?	Lūdzu, nododiet to izmazgāt!
Please, will you have this ironed?	Lūdzu, nododiet to izgludināt!

Please, will you have this dry-cleaned?	Lūdzu, nododiet to ķīmiskā tīrīšanā!
When will it be ready?	Kad tas būs gatavs?

Checking out

I'd like to check out.	Es vēlos izrakstīties.
The bill, please.	Lūdzu, rēķinu!
May I have my bill, please?	Vai es, lūdzu, varētu dabūt rēķinu?
May I have a receipt, please?	Vai es, lūdzu, varētu saņemt kvīti?
I'm leaving early tomorrow.	Es braucu prom rīt agri no rīta.
I must leave at once.	Man jābrauc prom tūlīt.
Get me a taxi, please!	Lūdzu, izsauciet man taksometru!
Send someone to bring down my luggage, please.	Lūdzu, lieciet nonest manu bagāžu!
It's been a very enjoyable stay.	Bija ļoti patīkami šeit uzturēties.
I hope we'll come again some time.	Es ceru, ka mēs kādreiz atkal atbrauksim.

MAKING FRIENDS

Glad to meet you.	Priecājos ar jums iepazīties.
How long have you been here?	Cik ilgi jūs jau esat šeit?
I've been here 2 days.	Es šeit esmu divas dienas.
Is this your first time here?	Vai esat šeit pirmo reizi?
How long are you staying?	Cik ilgi jūs šeit vēl paliksiet?
Are you enjoying your stay?	Vai jums šeit patīk?
Yes, I like it here very much.	Jā, man te ļoti patīk.
Are you on your own?	Vai jūs esat viens (*masculine*)/viena (*feminine*)?

I'm with my ...   Es esmu kopā ar ...
  husband/wife   vīru/sievu
  parents   vecākiem
  children   bērniem

Making friends

son/daughter	dēlu/meitu
friend	draugu (*masculine*)/ draudzeni (*feminine*)
Where do you come from?	No kurienes jūs esat?
I'm from ...	Es esmu no ...
Austria	Austrijas
Belgium	Beļģijas
China	Ķīnas
Denmark	Dānijas
Estonia	Igaunijas
Finland	Somijas
France	Francijas
Germany	Vācijas
Great Britain	Lielbritānijas
Greece	Griekijas
India	Indijas
Italy	Itālijas
Japan	Japānas
the Netherlands	Nīderlandes
Norway	Norvēģijas
Spain	Spānijas
Sweden	Zviedrijas
the USA	Amerikas Savienotajām Valstīm
Where do you live?	Kur jūs dzīvojat?
I live in Oslo/Berlin.	Es dzīvoju Oslo/Berlīnē.

OCCUPATIONS

What is your profession?	Kāda ir jūsu profesija?
What do you do?	Ar ko jūs nodarbojaties?
I'm a (an) ...	Es esmu ...
accountant	grāmatvedis
architect	arhitekts
artist	mākslinieks
bus driver	autobusa vadītājs
businessman	uzņēmējs/komersants
construction worker	celtnieks
dentist	zobārsts
doctor	ārsts
electrician	elektriķis
farmer	lauksaimnieks/ fermeris
fireman	ugunsdzēsējs
fisherman	zvejnieks
journalist	žurnālists
lawyer	jurists
librarian	bibliotekārs
mechanic	mehāniķis
nurse	medmāsa

police officer	policists
programmer	programmētājs
scientist	zinātnieks
secretary	sekretāre
teacher	skolotājs
writer	rakstnieks

LANGUAGES

What languages do you speak?	Kādās valodās jūs runājat?
Do you speak English?	Vai jūs runājat angliski?
I speak ...	Es runāju ...
Danish	dāņu valodā/dāniski
Dutch	holandiešu valodā/holandiski
Estonian	igauņu valodā/igauniski
French	franču valodā/franciski
German	vācu valodā/vāciski
Japanese	japāņu valodā/japāniski
Norwegian	norvēģu valodā/norvēģiski
Russian	krievu valodā/krieviski
Spanish	spāņu valodā/spāniski
Swedish	zviedru valodā/zviedriski

ASKING THE WAY

Excuse me, how do I get to the ...
  bus/tram stop

  bus station
  hotel *Riga*
  nearest exchange office
  post office
Excuse me, ... ?
  where's the bus into town
  where can I get a taxi

  is this the right way to...
Is there a ... nearby?
  bank
  bar
  café
  car park

Atvainojiet, kā nokļūt līdz ... ?
  autobusa/tramvaja pieturai
  autoostai
  viesnīcai "Rīga"
  tuvākajam naudas maiņas punktam
  pastam
Atvainojiet, ... ?
  kur pietur autobuss uz pilsētu
  kur es varētu dabūt taksometru
  vai šis ir pareizais ceļš uz ...
Vai šeit tuvumā ir ... ?
  banka
  bārs
  kafejnīca
  autostāvvieta

dentist's	zobārsts
dry cleaner's	ķīmiskā tīrītava
currency exchange office	naudas maiņas punkts
hospital	slimnīca
hotel	viesnīca
petrol station	degvielas uzpildes stacija
pharmacy	aptieka
restaurant	restorāns
supermarket	lielveikals
telephone	telefons
toilet	tualete
travel agency	ceļojumu birojs/ tūrisma aģentūra

Possible answers

Ejiet pa šo ielu taisni uz priekšu.	Go straight down this street.
Krustojumā pagriezieties pa labi/pa kreisi.	At the intersection, turn to the right/to the left.
Tas ir labajā/kreisajā pusē.	It's on the right/left side.
Pirmā/otrā šķērsiela pa labi/pa kreisi.	First/second turning on the right/left.

GETTING AROUND TOWN

Riga has a good public transport network which makes it very easy to move around the city. There are buses, minibuses, trams, trolleybuses, and taxis — all relatively inexpensive by western standards. You can order a taxi by telephone (in Riga — 8005555, 8001313, 7752500), or you can go to the nearest taxi rank. If you are in the centre of the town, you can hail one in the street. Be mindful of your luggage!

By taxi

Please, take me to …	Lūdzu, aizvediet mani uz …
this address	šo adresi
the town centre	pilsētas centru
Park Hotel Rīdzene	viesnīcu "Park Hotel Rīdzene"
What's the fare to … ?	Cik maksā līdz …?
I'm in a hurry.	Es steidzos.
Could you help me with the bags?	Vai jūs man palīdzētu aiznest somas?

How far is it to …?	Cik tālu ir līdz …?
Go straight ahead.	Brauciet taisni uz priekšu.
Stop here, please.	Lūdzu, pieturiet šeit!
Wait for me here, please.	Lūdzu, pagaidiet mani šeit!
How much is it?	Cik man jāmaksā?

By bus, tram, or trolleybus

There are numerous bus, minibus, tram, and trolley routes throughout the city. Trolleys and buses run until midnight, and trams until 1 a. m. Some buses have time schedules, other buses run at intervals of about 5–10 minutes. You must pay fares to the driver or to the conductor. Different kinds of passes (weekly, monthly, etc.) are available at newsstands.

One ticket/two tickets, please.	Lūdzu, vienu biļeti/divas biļetes!
Where's the nearest bus stop?	Kur ir tuvākā autobusu pietura?
Where's the bus station?	Kur ir autoosta?
What bus do I take for …?	Ar kādu autobusu man jābrauc uz …?

When is the first/last/next bus to …?	Cikos atiet pirmais/pēdējais/nākamais autobuss uz …?
How often do the buses go to… ?	Cik bieži iet autobusi uz …?
How long does the journey take?	Cik ilgi ir jābrauc?
How many stops to …?	Cik pieturu ir līdz … ?
the theatre	teātrim
the supermarket	lielveikalam
I want to get off at …	Es vēlos izkāpt pie …
Will you tell me when to get off?	Vai jūs man pateiksiet, kad jāizkāpj?
Please, let me off at the next stop.	Lūdzu, izlaidiet mani nākamajā pieturā.

Possible answers

Brauciet ar autobusu numur …	Take bus No. …
Pirmais/pēdējais/nākamais autobuss uz … atiet …	The first/last/next bus to … is …
pulksten sešos	at six
pēc pusstundas	in half an hour
vienreiz dienā	once a day

62 Getting around town

piektdien	on Friday
ik pēc piecpadsmit minūtēm	every 15 minutes
Jums būs jābrauc …	It will take you …
pusstundu/stundu	half an hour/an hour
divdesmit minūtes	twenty minutes

TRAVELLING BY COACH

Riga International Bus Station coach services connect Riga with many towns and cities in Latvia and Europe. The station is located next to the Railway Terminal in the centre of Riga. For information, call 9000009 (20 santims per minute). The major operators are *Eurolines* (7214080), *Ecolines* (7214512), and *Nordeka* (7211200).

TRAVELLING BY TRAIN

Riga Railway Terminal is located in the centre of Riga, it offers local electric train routes that take you to the seaside and places around Riga, inland intercity routes, and long-distance routes that link Riga with Vilnius, Tallinn, Moscow, St. Petersburg, Warsaw, and other cities in Europe. Tickets for the trains are sold in the ticket offices at the Railway Terminal and at some travel agencies. For long-distance train information, call 7232820.

Where's the railway station?	Kur ir dzelzceļa stacija?
Where does the train for … leave from?	No kurienes atiet vilciens uz …?
When is the … train to …?	Cikos atiet … vilciens uz …?
first	pirmais
next	nākamais
last	pēdējais
What's the fare to …?	Cik maksā biļete līdz …?

Travelling by train

Where do I change?	Kur man jāpārsēžas?
What time does the train arrive at …?	Cikos vilciens pienāk …?
Does the train stop at …?	Vai vilciens pietur …?
What platform does the train for … leave from?	No kuras platformas atiet vilciens uz …?
Is there a dining car on the train?	Vai vilcienā ir restorān-vagons?
Is there a sleeping car on the train?	Vai vilcienā ir guļam-vagons?
I'd like to book/reserve a seat.	Es vēlētos rezervēt vietu.
I want a ticket to …	Es vēlos biļeti uz … / Lūdzu, biļeti līdz …
A single ticket/one-way ticket, please.	Lūdzu, biļeti vienā virzienā.
A return ticket/round-trip ticket to … , please.	Lūdzu, biļeti turp un atpakaļ uz …

Useful words

berth	guļvieta
car No. …	vagons numur …
compartment	kupeja

66 Travelling by train

conductor	pavadonis
luggage/baggage	bagāža
seat	vieta
sleeping car	guļamvagons
ticket	biļete
train	vilciens

TRAVELLING BY PLANE

Riga may be reached within three hours from almost any city in Europe. A*ir-Baltic* and other airlines link Riga with major cities in Western and Eastern Europe. Travel information can be obtained at the Riga International Airport (7207009), air tickets are available from the major travel agencies or directly from the airlines' offices.

The Riga International Airport is located a 25–30 minute ride from the centre of the city. You can take a taxi or go on the No. 22 bus (very cheap option).

I'd like to confirm my reservation.	Es vēlētos apstiprināt savu reisu.
Is there a flight to …?	Vai ir lidmašīnas reiss uz …?
When's the next plane to …?	Kad ir nākamā lidmašīna uz …?
Is it a direct flight?	Vai tas ir tiešais reiss?
Is it a non-stop flight?	Vai tas ir reiss bez starpnosēšanās?

68 Travelling by plane

Do I have to change planes?	Vai būs jāpārsēžas?
I'd like a ticket to…	Es vēlētos biļeti uz …/ Lūdzu, biļeti līdz …
What's the fare?	Cik tā maksā?
What time do I have to check in?	Cikos man jāreģistrējas?
May I take this bag with me?	Vai drīkstu ņemt šo somu salonā?

Useful words

airline	aviosabiedrība
airport	lidosta
arrival	atlidošana/ielidošana
boarding	iekāpšana
booking office	biļešu kase
business class	biznesa klase
cancellation	atcelšana
check-in	reģistrācija
currency exchange	naudas maiņas punkts
customs	muita
delay	aizkavēšanās
departure	izlidošana
economy class	ekonomijas klase
first class	pirmā klase
flight	reiss

Travelling by plane

gate	izeja
inquiries	uzziņas
lost property office	pazaudēto mantu birojs
luggage/baggage	bagāža
passport control	pasu kontrole
plane	lidmašīna
timetable	saraksts
waiting-room	uzgaidāmā telpa

TRAVELLING BY BOAT

There is a direct ferry service from Riga to Stockholm and Lübeck. The passenger and cruise ship terminal is located on the right bank of the River Daugava near to the centre of Riga.

There is also a ferry service from Ventspils to Västervik (Sweden), and from Liepāja to Karlshamn (Sweden) and Rostock (Germany).

Where's the sea passenger terminal?	Kur atrodas jūras pasažieru osta?
How do I get there?	Kā turp nokļūt?

CAR AND MOTORBIKE TRAVEL

Latvia is covered with a wide network of roads. There are several short (30–50 km) motorways leading from Riga, some good highways, but many other roads need repairing. In Latvia, drive on the right and overtake on the left. Speed limits are: 100 km/h on motorways, 90 km/h on other roads, 50 km/h in built-up areas, unless other speeds are indicated by the road signs. In the absence of any indications, priority at intersections is given to traffic coming from the right.

Car rentals:

Hertz (7224223, 7207980); *Europcar* (7222637); *Avis* (7225876, 7207353)

Useful words

airbag	gaisa spilvens
air filter	gaisa filtrs
battery	akumulators
bonnet/hood	motora pārsegs
brake	bremze

Car and motorbike travel

car/automobile	automašīna
clutch	sajūgs
cooling system	dzesēšanas sistēma
cylinder	cilindrs
dashboard	priekšējais panelis
driving licence	autovadītāja apliecība
engine	motors/dzinējs
exhaust pipe	izpūtēja caurule
fine	soda nauda
fog lamp/fog light	miglas lukturis
gas pedal/accelerator	gāzes pedālis
gear stick/gear shift	ātrumu pārslēgs
handbrake	rokas bremze
heater	sildītājs
ignition	aizdedze
indicator/turn signal	pagrieziena signāls
licence plate/number plate	numurzīme
motorbike/motorcycle	motocikls
oil filter	eļļas filtrs
pedal	pedālis
radiator	radiators
spark plug	aizdedzes svece
speedometer	spidometrs
steering wheel	stūre
sunroof	augšējā lūka
tank	degvielas tvertne

Car and motorbike travel 73

ticket	soda talons
tyre	riepa
wheel	ritenis
windshield	priekšējais stikls

Road directions

Can you tell me the way to …?	Vai jūs varētu pateikt ceļu uz …?
Where's …?	Kur ir …?
Are we on the right road for …?	Vai šis ir pareizais ceļš uz …?
Where does this road lead to?	Uz kurieni ved šis ceļš?
How far is it to … from here?	Cik tālu no šejienes ir līdz …?
Can you show me on the map where we are?	Vai jūs varat parādīt uz kartes, kur mēs atrodamies?
Can I park here?	Vai šeit drīkst novietot automašīnu?
How long may I park here?	Cik ilgi šeit drīkst atstāt automašīnu?
What's the charge for parking?	Cik šeit maksā stāvvieta?

74 Car and motorbike travel

Landmarks

bridge	tilts
castle ruins	pilsdrupas
church	baznīca
cottage	lauku māja
crossroads/intersection	ceļu krustojums
farm	zemnieka saimniecība
farmhouse	lauku māja
field	lauks
forest/wood	mežs
fork in the road	ceļu sazarojums
hill	pakalns/kalns
house	māja
lake	ezers
path	taka
pond	dīķis
railway	dzelzceļš
ravine	grava
river	upe
sea	jūra
swamp/marsh	purvs
tower	tornis
village	ciems

Car and motorbike travel

At the filling/gas station

Most filling stations don't handle major repairs, but apart from providing you with fuel they may be helpful in solving all kinds of minor problems.

Where's the nearest filling station?	Kur ir tuvākā degvielas uzpildes stacija?
Fill it up, please.	Lūdzu, pielejiet pilnu tvertni.
... litres, please.	... litrus, lūdzu.
I have run out of petrol.	Automašīnai beidzies benzīns.

Breakdown

Latvian Association of Motorists and Motorcyclists (LAMB) offers 24 hour help in case of emergency. Call 8000000, 8005077, 7566222, or from mobile phone — 188.

Where's the nearest garage?	Kur ir tuvākā autodarbnīca?/Kur ir tuvākais autoserviss?
What's the telephone number of the nearest garage?	Kāds ir tuvākās autodarbnīcas telefona numurs?
I've had a breakdown./My car has broken down.	Man salūzusi automašīna.

Car and motorbike travel

Can you tow the car to the garage?	Vai jūs varat aizvilkt mašīnu līdz darbnīcai?
I have a flat tyre./ I have a puncture.	Riepa ir pārdurta.
Could you change the tyre?	Vai jūs varētu apmainīt riepu?
I'm on road A 10 about 2 km from...	Es atrodos uz ceļa A 10 apmēram divus kilometrus no ...

At the garage

Can you help me, please?	Vai jūs, lūdzu, varat man palīdzēt?
I don't know what's wrong with my car.	Es nezinu, kas mašīnai noticis.
I think the problem is ...	Es domāju, ka vaina ir ...
here	šeit
in the brakes	bremzēs
in the electric system	elektrosistēmā
in the engine	motorā
The car won't start.	Mašīnu nevar iedarbināt.
Have you found the trouble?	Vai jūs atradāt vainu?
Is that serious?	Vai ir kas nopietns?
Can you repair it [now]?	Vai jūs to varat [tūlīt] salabot?

Car and motorbike travel

How long will it take to repair it?	Cik ilgi būs jālabo?
What's it going to cost?	Cik tas varētu maksāt?
Would you check the tyres?	Pārbaudiet, lūdzu, riepas!
Is everything fixed?	Vai viss ir salabots?
How much do I owe you?	Cik esmu jums parādā?
Thanks very much for your help.	Liels paldies par palīdzību.

Useful words

jack	domkrats
repair	remonts
spanner	uzgriežņatslēga
spare parts	rezerves daļas
tool kit	instrumentu komplekts
tow-rope	vilkšanas trose
wrench	uzgriežņatslēga

Road accidents

In case of road accident you can call Riga City Traffic Police (7086422), Riga District Traffic Police (7219702), or Road Traffic Police Department (7208108).

For an ambulance, call 03.

Car and motorbike travel

There's been an accident.	Ir noticis satiksmes negadījums.
Are you all right?	Vai jums nekas nekaiš?
Is anyone hurt?	Vai kāds ir ievainots?
Call a doctor, please!	Lūdzu, izsauciet ārstu!
Call an ambulance!	Izsauciet neatliekamo palīdzību!
There are people injured.	Šeit ir ievainoti cilvēki.
It's nothing serious.	Nav nekas nopietns.
Call the police!	Izsauciet policiju!
Would you mind acting as a witness?	Lūdzu, esiet liecinieks!

SIGHTSEEING

Riga lies on the banks of the River Daugava and is a centre of commerce, industry, and culture. The historic centre of Riga (Old Town) is included in the UNESCO World Heritage List. Art Nouveau (Jugendstil) is one of the styles that dominates in Riga's architectural heritage. The most expressive specimens are concentrated on the following streets: Alberta iela, Elizabetes iela, Vīlandes iela, and Strēlnieku iela.

I'd like to go sightseeing.	Es vēlos apskatīt pilsētu.
Where's the tourist information office?	Kur atrodas tūrisma informācijas centrs?
Can you recommend me a city sightseeing tour?	Vai jūs varat man ieteikt kādu pilsētas ekskursiju?
I'm here for ...	Es šeit palikšu ...
only a few hours	tikai dažas stundas
a day/two days	dienu/divas dienas
a week	nedēļu

Sightseeing

How much does the tour cost?	Cik šāda ekskursija maksā?
What time does the tour start?	Cikos ekskursija sākas?
What time do we get back?	Cikos mēs būsim atpakaļ?
Where does the bus start from?	No kurienes atiet autobuss?

In the street

How do I get to the ..., please?	Sakiet, lūdzu, kā nokļūt līdz ...?
centre of Riga	Rīgas centram
Old Riga/Old Town	Vecrīgai/vecpilsētai
Dom [Cathedral]	Doma baznīcai
St. Peter's [Church]	Svētā Pētera baznīcai
St. James [Cathedral]	Svētā Jēkaba katedrālei
Anglican Church	Anglikāņu baznīcai
Great Guild Hall	Lielai Ģildei
University of Latvia	Latvijas Universitātei
Warriors' Cemetery	Brāļu kapiem
Latvian Ethnographic Open-Air Museum	Brīvdabas muzejam
concert hall	koncertzālei
market	tirgum

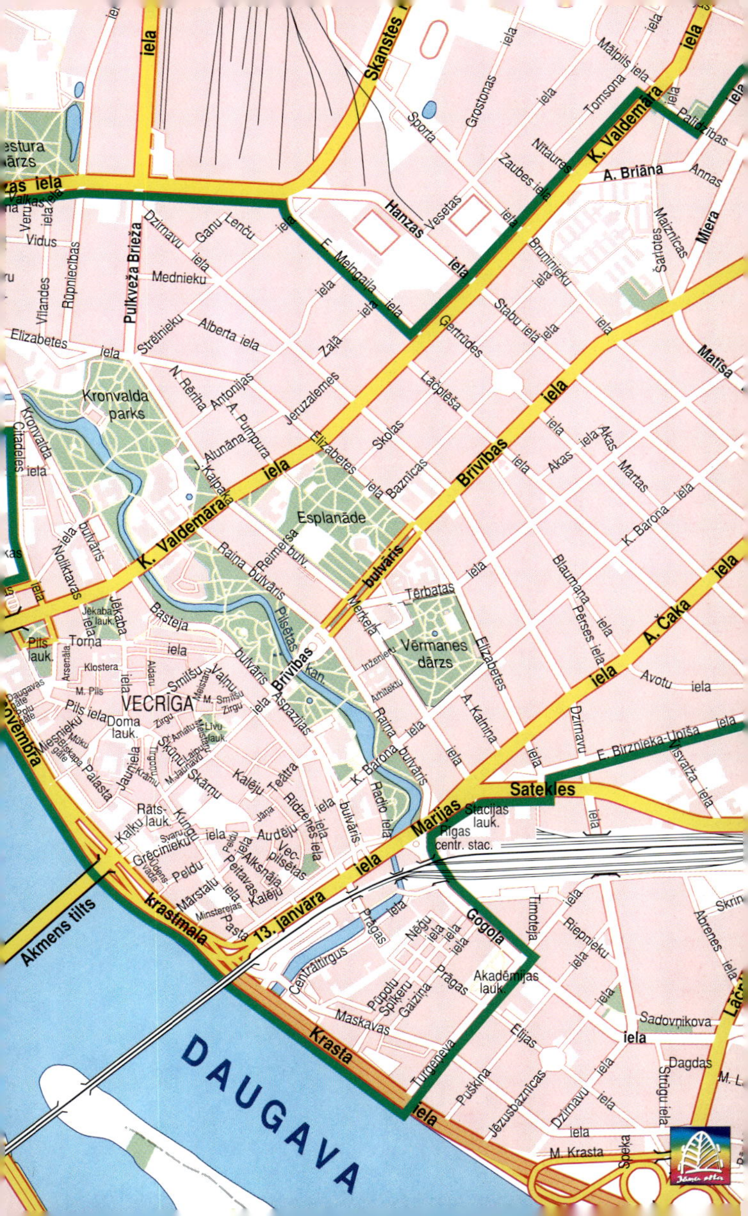

Riga Zoo	Rīgas zoodārzam
What's that building?	Kas tā par celtni?
Who's the architect?	Kurš ir arhitekts?
Is there a/an ... nearby?	Vai šeit tuvumā ir ...?
casino	kazino
nightclub	naktsklubs
art gallery	mākslas galerija
exhibition hall	izstāžu zāle
Roman Catholic church	katoļu baznīca
Protestant church	protestantu baznīca
synagogue	sinagoga
At what time is the service/mass?	Cikos sākas dievkalpojums?
Which is the nearest way to the ...?	Kurš ir taisnākais ceļš uz ...?
castle ruins	pilsdrupām
castle mound	pilskalnu
memorial	memoriālu

Useful words

boulevard	bulvāris
building	celtne
house	nams/māja
monument	piemineklis
square	laukums
street	iela

Museum, gallery, exhibition, show

I'd like to go to the ... Es gribētu aiziet uz ...
  flower show   puķu izstādi
  painting/sculpture exhibition   gleznu/tēlniecības izstādi
I'm interested in ...   Es interesējos par ...
  art/paintings   mākslu/gleznām
  coins/antiques   monētām/senlietām
  ceramics/pottery   keramiku/podniecību
  folk art   tautas mākslu
  fine arts   tēlotājmākslu
  applied arts   lietišķo mākslu
  music   mūziku
How do I get to the ..., please?   Sakiet, lūdzu, kā nokļūt līdz ...?
  State Museum of Art   Valsts Mākslas muzejam
  Museum of Decorative and Applied Arts   Dekoratīvās un lietišķās mākslas muzejam
  Museum of Latvian History   Latvijas Vēstures muzejam
  War Museum   Latvijas Kara muzejam
  Occupation Museum   Okupācijas muzejam
  Museum of the History of Riga and Navigation   Rīgas vēstures un kuģniecības muzejam

Sightseeing

Fire-Fighting Museum	Ugunsdzēsības muzejam
Motor Museum	Motormuzejam
Is it open on Sundays?	Vai tas ir atvērts svētdienās?
When does it open/close?	Cikos tas sāk strādāt/beidz darbu?
Where can I get tickets?	Kur es varu nopirkt biļetes?
How much is the entrance fee?	Cik maksā ieejas biļete?
Have you got a catalogue?	Vai jums ir katalogs?
Is it all right to take pictures here?	Vai te drīkst fotografēt?
What's there in this hall?	Kas ir šajā zālē?
Who is the artist?	Kurš ir mākslinieks?
When was he/she born?	Kad viņš/viņa ir dzimis/dzimusi?
I like .../I don't like ...	Man patīk .../Man nepatīk ...
this picture	šī glezna
this landscape	šī ainava
this sculpture	šī skulptūra
It's ...	Tas ir ...

84 Sightseeing

beautiful	skaisti
amazing	apbrīnojami
impressive	iespaidīgi

Signs and notices

Fotografēt aizliegts	No cameras [allowed]
Ieeja	Entrance
Ieeja brīva	Admission free
Izeja	Exit

Useful words and expressions

art	māksla
caricature/cartoon	karikatūra
drawing	zīmējums
graphic art	grafika
engraving	gravīra
etching	oforts
exhibit	eksponāts
painting	gleznniecība
poster	plakāts
self-portrait	pašportrets
stained glass panel	vitrāža
still life	klusā daba
study	etīde/studija
tapestry	gobelēns
water-colour	akvarelis

TELEPHONES

It is possible to call any country from *Lattelekom* cardphones (payphones) using a phone card or coins. In some rural areas the communications network is not so well developed, calls may have to be made from the post office. For telephone numbers and other information call 118.

Mobile (cellular) phone network covers more than two thirds of the Latvian territory. Major operators are LMT and TELE-2. Pnone cards are available in larger shops, newsstands, and post offices.

Fax is available in hotels and post offices.

What to say

I want to make a telephone call.	Es vēlos piezvanīt pa telefonu.
Where's a payphone here?	Kur šeit ir telefona automāts?
May I use your phone?	Vai drīkstu izmantot jūsu telefonu?

86 Telephones

Please, give me the telephone directory.	Lūdzu, iedodiet man telefona grāmatu.
Hello! This is ... speaking.	Hallo! Šeit runā ...
Speaking.	Klausos.
I want to speak to ..., please.	Es vēlos runāt ar ...
I can't hear you well.	Es jūs slikti dzirdu./ Es nevaru jūs labi sadzirdēt.
I'll call you back in 10 minutes.	Es jums vēlreiz piezvanīšu pēc desmit minūtēm.
Wrong number.	Nepareizi piezvanījāt.
When will he/she be back?	Kad viņš/viņa atgriezīsies?
Write down my telephone number.	Pierakstiet manu telefona numuru.

You may be told

Jums zvana.	There's a phone call for you.
Kādu numuru jums vajag?	What number are you calling?
Līnija aizņemta.	The line is engaged.

Neviens neatbild.	There's no answer.
Telefons nedarbojas/ sabojāts.	The phone is out of order.
Viņš/viņa pašlaik izgājis/ izgājusi.	He/she is out at the moment.

AT THE POST OFFICE

In Latvia the post office is marked PASTS. Postboxes are painted yellow. Business hours are generally from 9 a. m. to 6 or 7 p. m. on weekdays, and from 9 to 1 p. m. Riga's Main Post Office at 21 Brīvības bulvāris is open round the clock. In the countryside hours differ.

International parcel services such as DHL, UPS, TNT, and EMS are also available.

There are quite a few Internet cafés in Riga and other larger cities.

Notices:

Pastmarkas	Stamps
Pakas	Parcels
Naudas pārvedumi	Money orders
Maksājumi	Payments

Useful words and expressions

address	adrese
envelope	aploksne

At the post office

fill in a form	aizpildīt veidlapu
letter	vēstule
postcard	atklātne/pastkarte
receipt	kvīts
registered mail	ierakstīts pasta sūtījums

What time does the post office open/close? — Cikos pasts sāk/beidz darbu?

What's the postage for a letter to ...? — Cik maksā vēstules nosūtīšana uz ...?
  the United States — Savienotajām Valstīm
  Australia — Austrāliju
  Germany — Vāciju

What's the postage for a postcard to ...? — Cik maksā atklātnes nosūtīšana uz ...?

What counter do I go to for stamps? — Pie kura lodziņa pārdod pastmarkas?

I want some stamps, please. — Man, lūdzu, pastmarkas!

I want to send this parcel. — Es vēlos nosūtīt šo paku.

I want to send this by ... — Es vēlos nosūtīt šo ...
  express mail — ar ekspresi
  registered mail — ierakstītu

Can I send a fax from here? — Vai es šeit varu nosūtīt faksu?

Where's Poste Restante? — Kur saņemt sūtījumu pēc pieprasījuma?

MONEY

In Riga, employees at any larger bank speak English. The banks are open from 9 a. m. to 5 p. m. Most of the banks service Euro card, Mastercard, Visa, JCB and Diner's Club credit cards. In larger cities and towns it is possible to pay with a credit card for purchases and services in most shops, for meals in restaurants, and also the hotel bills. ATMs are everywhere (look at cards serviced by the machine). Banks also accept the more popular travellers' cheques, such as American Express, Euro Cheques, Travellers' Cheques.

There are numerous small currency exchange offices in the centre of Riga. Just have a look around you. The rates of exchange are displayed. Currency exchanges also operate in other towns and cities.

I'd like to cash ...	Es vēlētos saņemt naudu par ...
this travellers'cheque	šo ceļojumčeku
these cheques	šiem čekiem

What's the exchange rate?	Kāds ir maiņas kurss?
What rate of commission do you charge?	Cik liela ir komisijas nauda?
I want to change 50 dollars/100 euros.	Es vēlos samainīt piecdesmit dolārus/simt eiro.
I want to change this into ...	Es vēlos apmainīt šo naudu pret ...
lats	latiem
US dollars	ASV dolāriem
euros	eiro
pounds sterling	angļu mārciņām
Russian rubles	Krievijas rubļiem
Please, give me ... in notes and ... in change.	Lūdzu, dodiet man ... banknotēs un ... sīknaudā.
I have ...	Man ir ...
a letter of credit	kredītvēstule
a credit card	kredītkarte
Where should I sign?	Kur man jāparakstās?

SHOPPING

Shopping hours: generally 9 or 10 a. m. to 7 p. m., Monday to Friday. Saturday is an early closing day: 4 or 5 p. m. Food stores are generally open from 8 or 9 a. m. to 8 or 9 p. m., including Sundays. Smaller shops gradually disappear not being able to compete with big supermarkets. Supermarkets, shopping centres and malls are open seven days a week, they have noticeable Nordic influence.

The best places for souvenir shopping in Riga are special shops for arts, crafts, and jewellery. In larger Riga shops you will find some shop assistants who speak English.

General expressions

Where's the nearest ...? Kur ir tuvākais ...?
   bakery   maizes veikals
   department store   universālveikals
   florist's   puķu/ziedu veikals
   greengrocer's   dārzeņu veikals

grocer's	pārtikas veikals
newsstand	avīžu kiosks
optician's	optikas veikals
Where's the nearest ...?	Kur ir tuvākā ...?
pharmacy	aptieka
pastry shop	konditoreja
book shop	grāmatnīca
Would you tell me where I can find a [good] ...?	Sakiet, lūdzu, kur šeit ir [labs] ...?
antique shop	antikvariāts
jewellery shop	juvelierizstrādājumu veikals
camera shop	fotoveikals
shoe shop	apavu veikals
souvenir shop	suvenīru veikals
sports shop	sporta preču veikals
tobacconist's	tabakas veikals
toy shop	rotaļlietu veikals
Where do they sell ...?	Kur pārdod ...?

The shop assistant may ask you

Lūdzu?/Vai varu jums palīdzēt?	Can I help you?
Ko jūs vēlaties?	What would you like?
Kādu ... jūs vēlaties?	What ... would you like?
izmēru	size

Shopping

krāsu	colour
Vai pietiks?	Is this enough? (*concerning weight or number*)

I want ...	Es vēlos ...
Please, show me ...	Lūdzu, parādiet man ...
Do you have any ...?	Vai jums ir ...?
How much is this/that ...?	Cik tas maksā?
Is there a discount?	Vai jums ir cenu atlaide?
I'd like this, please.	Lūdzu, dodiet man šo.
Not that.	Ne to.
Like that.	Tādu kā to.
Have you got it/them in blue?	Vai jums tas/tie ir zilā krāsā?
Have you got the next size up/down?	Vai jums ir par vienu izmēru lielāks/mazāks?
More, please.	Vairāk, lūdzu.
Less, please.	Mazāk, lūdzu.
That's fine.	Tā ir labi.
OK.	Labi.
Have you got anything ...?	Vai jums ir kas ...?
better	labāks
cheaper	lētāks
different	citāds
larger	lielāks
smaller	mazāks

Can you show me some more?	Vai jūs man varat parādīt vēl kādu?
I want [it] a ... one.	Es [to] gribu ...
big/small	lielu/mazu
better/cheaper	labāku/lētāku
colored/bright	krāsainu/spilgtu
dark/pale	tumšu/gaišu
short/long	īsu/garu
round/oval	apaļu/ovālu
rectangular	četrstūrainu
I don't want anything expensive.	Es negribu neko dārgu.
I don't want to spend more than ... lats.	Es negribu izdot vairāk kā ... latu[s].
I'm afraid it's too expensive.	Tas šķiet pārāk dārgi.
It's not quite what I want.	Tas nav īsti tas, ko es gribu.
No, I don't like it.	Nē, man tas nepatīk.
I won't take.	Es to neņemšu.
I'll take it.	Es to ņemšu.
I like it.	Man tas patīk.
That's just what I want.	Tas ir tieši tas, ko es vēlos.
Can I have a receipt?	Vai es varētu dabūt čeka kopiju?

Thank you, that's all.	Paldies, tas ir viss.
Can you, please, exchange this?	Vai jūs to varētu apmainīt, lūdzu?
I want to return this.	Es gribu to atdot atpakaļ.
I'd like a refund.	Es gribu saņemt naudu atpakaļ.
Here's the receipt.	Te ir čeka kopija.

Pharmacy/chemist's

Where's the all-night chemist's?	Kur ir dežurējošā aptieka?
What time does the chemist's/pharmacy open?	No cikiem aptieka ir atvērta?
What time does the chemist's/pharmacy close?	Cikos aptieku slēdz?
I'd like something for ...	Es vēlos zāles pret ...
allergy	alerģiju
a cold	saaukstēšanos
a cough	klepu
diarrhoea	caureju
a flu	gripu
a headache	galvas sāpēm

high blood pressure	augstu asinsspiedienu
travel sickness	jūras slimību
Can you make up this prescription?	Vai jūs varat pagatavot zāles pēc šīs receptes?
Shall I wait?	Vai man jāgaida?
Please, give me some ...	Lūdzu, dodiet man ...
antiseptic salve	antiseptisku ziedi
aspirin	aspirīnu
bandage	marles saiti
disinfectant	dezinficējošu līdzekli
eye drops	acu pilienus
sanitary towels/napkins	higiēniskās paketes
For external use!	Ārīgi!

Toiletries

I want a/an/some ...	Es vēlos ...
aftershave	losjonu pēc skūšanās
body lotion	ķermeņa krēmu
cologne	odekolonu
comb	ķemmi
day cream	dienas krēmu
deodorant	dezodorantu
face powder	pūderi
hair spray	matu laku

lipstick	lūpu krāsu
perfume	smaržas
shaving cream	skūšanās krēmu
tonic	toniku/sejas ūdeni
toothbrush	zobu suku
toothpaste	zobu pastu

Footwear

I'd like a pair of ...	Es vēlos ...
boots	zābakus
rubber boots	gumijas zābakus
sandals	sandales
shoes	kurpes
slippers	rītakurpes/čības
trainers	sporta kurpes
These are ...	Šīs ir ...
too large	par lielu
too narrow	par šauru
too small	par mazu
too wide	par platu
They pinch my toes.	Spiež pirkstus.
I want a larger/smaller size.	Es gribu lielāku/mazāku izmēru.
Have you got the same in ...?	Vai jums ir tas pats ... krāsā?

beige	bēšā
black	melnā
brown	brūnā
grey	pelēkā
white	baltā
I want ...	Es vēlos ...
high-heeled shoes	augstpapēžu kurpes
low-heeled shoes	kurpes ar zemiem papēžiem
suede shoes	zamša kurpes

Clothing

I'd like [a] ...	Es vēlos ...
bathrobe	peldmēteli
bikini	peldkostīmu
blouse	blūzi
bra[ssierre]	krūšturi
cap	cepuri
cardigan	adītu jaku
coat/overcoat	mēteli
corduroys	velveta bikses
costume	kostīmu
dress	kleitu
fur coat	kažoku
hat	platmali

100 Shopping

jacket	žaketi/jaku
jeans	džinsus
lingerie	sieviešu veļu
nightdress	naktskreklu
pajamas	pidžamu
pantyhose	zeķbikses
parka	silto vējjaku
raincoat	lietusmēteli
scarf	šalli
skirt	svārkus
socks	īsās zeķes
suit	uzvalku
sweater	džemperis
[swimming] trunks	peldbikses
tie	kaklasaiti
tights	zeķbikses
T-shirt	tēkreklu
trousers	bikses
underpants	biksītes
vest/waistcoat	vesti
What is it made of?	Kas tas par audumu?
It is ...	Tas ir ...
denim	džinsu audums
linen	linu audums
plush	plīšs
poplon	poplīns

satin	atlass/satīns
silk	zīds
velvet	samts
velveteen	velvets
It is ...	Tā ir ...
cotton	kokvilna
leather	āda
synthetic fibre	sintētika
wool	vilna
I want it with ...	Es to vēlos ar ...
a belt	jostu
a buckle	sprādzi
buttons	pogām
collar	apkakli
lining	oderi
pockets	kabatām
long/short sleeves	garām/īsām piedurknēm
zipper	rāvējslēdzi

Food

In large supermarkets you choose everything yourself. But in smaller roadside shops you buy at the counter.

Shopping

I want ... (*of smth.*), please.	Lūdzu, dodiet man ... (+ *the required noun in the genitive case*)
100 grams	simt gramu
½ kilo	puskilogramu
1 kilo	vienu kilogramu
2 kilos	divus kilogramus
½ litre	puslitru
1 litre	vienu litru
2 litres	divus litrus
a bar/two bars	vienu tāfelīti/divas tāfelītes
a box/three boxes	vienu kasti/trīs kastes
a carton/four cartons	vienu paku/četras pakas
a jar/five jars	vienu burku/piecas burkas
a loaf/six loaves	vienu klaipu/sešus klaipus
a packet/seven packets	vienu paciņu/septiņas paciņas
a piece/eight pieces	vienu gabalu/astoņus gabalus
a tin/ten tins	vienu kārbu/desmit kārbas
a tube/twenty tubes	vienu tūbiņu/divdesmit tūbiņas

I'd like a/an/some ..., Man, lūdzu, ...
  please.
  apples   ābolus
  apple tart   ābolkūku
  bananas   banānus
  biscuits   cepumus
  bread   maizi
  butter   sviestu
  cakes   kūkas
  cheese   sieru
  chicken   vistu
  chocolate   šokolādi
  coffee   kafīju
  cream   krējumu
  cucumbers   gurķus
  fish   zivis
  grapefruits   greipfrūtus
  ham   šķiņķi
  ice-cream   saldējumu
  juice   sulu
  lemons   citronus
  meat   gaļu
  melon   meloni
  milk   pienu
  olives   olīvas
  oranges   apelsīnus

Shopping

peaches	persikus
pears	bumbierus
pineapple	ananasu
plums	plūmes
rolls	maizītes
sausage	desu
sweets	saldumus
tangerines	mandarīnus
tea	tēju
tomatoes	tomātus
watermelon	arbūzu
A bottle/two bottles of ..., please.	Lūdzu, pudeli/divas pudeles ...
beer	alus
brandy	brendija
champagne	šampanieša
liqueur	liķiera
mineral water	minerālūdens
rum	ruma
tequila	tekilas
vodka	degvīna
whisky	viskija
wine	vīna
A pack of cigarettes, please.	Lūdzu, paciņu cigarešu!

Bookshop, stationery, newsagent's

Where do you/they sell ...? Kur pārdod ...?
 books for children bērnu grāmatas
 books on art mākslas grāmatas
 books in English grāmatas angļu valodā
I want to buy a/an ... Es vēlos pirkt ...
 English-Latvian angļu-latviešu
  dictionary vārdnīcu
 guide book ceļvedi
 map of Riga Rīgas karti
 road map of Latvia Latvijas ceļu karti
 this calendar šo kalendāru
[A] ..., please. Lūdzu, ...
 envelopes aploksnes
 magazine žurnālu
 newspaper avīzi/laikrakstu
 paper papīru
 paper handkerchiefs papīra salvetes
 pen pildspalvu
 pencil zīmuli

Souvenirs

I want to buy ...	Es vēlos nopirkt...
some souvenirs	dažus suvenīrus
a small gift...	mazu dāvanu...
for my mother/father	mātei/tēvam
for my son/daughter	dēlam/meitai
for my wife/husband	sievai/vīram
for my friend	draugam (*masculine*)
	draudzenei (*feminine*)
Please, show me that.	Lūdzu, parādiet man to!
I'd like some ...	Es vēlos nopirkt ...
amber	dzintaru
antiques	senlietas
ceramics	keramiku
costumed dolls	tautiskas lelles
embroidery	izšuvumus
glassware	stikla izstrādājumus
knitwear	adījumus
linen	lina audumus
How much is/are ...?	Cik maksā ...?
that bag	*tā* soma
belt	josta
blanket	sega
bracelet	rokassprādze

Shopping

brooch	sakta
[little] box	kastīte
candle	svece
doll	lelle
egg	ola
mug	krūze
notebook	piezīmju grāmatiņa
vase	vāze
that candlestick	*tas* svečturis
piece of amber	dzintara gabals
pouch	maks
ring	gredzens
stein	kauss
table-cloth	galdauts
wallet	kabatas portfelis
those earrings	*tie* auskari
gloves/mittens	cimdi
those beads	*tās* krelles
cuff-links	aproču pogas
socks	zeķes
Is it [made of] ...?	Vai tas ir ...?
amber	dzintars
clay	māls
copper/brass	varš/misiņš
German silver/nickel silver	melhiors

108 Shopping

gold	zelts
precious stone	dārgakmens
semiprecious stone	pusdārgakmens
silver	sudrabs
Is it ...?	Vai tā ir ...?
leather	āda
plastic	plastmasa
Is it breakable?	Vai tas ir plīstošs?
Please, put it in a plastic bag.	Lūdzu, ielieciet to polietilēna maisiņā!
Can you put it in a box?	Vai jūs to varat iesaiņot kastē?

EATING AND DRINKING OUT

In Riga you can find cozy places — small bars and cafés to have a meal and drink. You can also enjoy dinner in one of the restaurants. Some of them offer Latvian dishes. Many Oriental and other cuisines are represented as well. *Lido* restaurants closely resemble Austrian *Rosenbergers*. There are nice and inexpensive places to eat and drink in all parts of Latvia.

I'm hungry/thirsty.	Man gribas ēst/dzert.
I'd like to eat.	Es gribētu paēst.
I'd like to drink.	Es gribētu padzerties.
I'd like to have a drink.	Es gribētu iedzert.
Can you recommend me a good ...?	Vai jūs varat ieteikt man labu...?
café	kafejnīcu
restaurant	restorānu
bar	bāru

Eating and drinking out

Ordering a drink and a snack

I'll have a/an/some ..., please.	Lūdzu, dodiet man ...
coffee/tea/juice	kafiju/tēju/sulu
cup of coffee	tasi kafijas
cup of tea	tasi tējas
glass of milk	glāzi piena
bottle of mineral water	pudeli minerālūdens
orange juice	apelsīnu sulu
beer	alu
bacon and eggs	ceptas olas ar šķiņķi
boiled egg	vārītu olu
cheese salad	siera salātus
chicken salad	vistas gaļas salātus
cornflakes	kukurūzas pārslas
cottage cheese	biezpienu
frankfurters	cīsiņus
meat loaf	gaļas ruleti
meet salad	gaļas salātus
one roll/two rolls	vienu maizīti/divas maizītes
sausage	desu
scrambled eggs	olu kulteni
I want it with ..., please.	Ar ..., lūdzu!

cream/milk	krējumu/pienu
lemon	citronu
sugar	cukuru
May I have some ...?	Vai es varu dabūt ...?
cold/hot milk	aukstu/karstu pienu
butter/spread	sviestu/margarīnu
mustard/pepper/salt	sinepes/piparus/sāli
I'd like a slice/two slices of ...	Lūdzu, vienu šķēli/divas šķēles ...
white bread	baltmaizes
rye bread	rupjmaizes
How much do I pay?	Cik man jāmaksā?

Dining in a restaurant

Dinner time (Latvians prefer to call that meal *supper — vakariņas*) is flexible. People normally have their evening meal between 6 and 8 p. m., but restaurants serve food until late at night. In addition to *a la carte* items, one or more set menus may be listed. Tax and service charge are automatically added to your bill. Customers who are satisfied with the service usually leave a tip (10–15 % or so).

In restaurants and cafés frequented by foreigners menus are in Latvian and English.

Eating and drinking out

I'd like to reserve a table for four.	Es vēlos rezervēt galdu četrām personām.
May I book a table?	Vai es varu pasūtīt galdu?
We'll come at 6 p. m.	Mēs ieradīsimies sešos vakarā.
I have booked a table.	Es esmu pasūtījis galdu.
Good evening. I'd like a table for three.	Labvakar! Es vēlos galdu trim personām.
Excuse me, is this table available?	Atvainojiet, vai šis galds ir brīvs?
Could we have a table …?	Vai jums ir brīvs galds …?
for two	divām personām
in the corner	stūrī
by the window	pie loga
on the terrace	uz terases
May I have the menu?	Lūdzu, pasniedziet man ēdienkarti!
What is this? (*in the menu*)	Kas tas ir?
Do you have …?	Vai jums ir …?
local/Latvian dishes	vietējie/latviešu ēdieni
a children's menu	bērnu ēdienkarte
specialties	firmas ēdieni
…, please.	Lūdzu, atnesiet man …
the wine list	vīna karti

a glass of wine	glāzi vīna
a bottle of wine	pudeli vīna
some oil/butter	eļļu/sviestu
some vinegar/mustard	etiķi/sinepes
some salt/sugar/pepper	sāli/cukuru/piparus
ice cubes	ledus gabaliņus
Please, bring me ...	Lūdzu, atnesiet man ...
a glass/a cup	glāzi/tasīti
a knife/a fork	nazi/dakšiņu
a napkin	salveti
a plate	šķīvi
a spoon	karoti

Words and word combinations to understand the menu

alkoholiskie dzērieni	alcoholic/hard drinks
augļi	fruit
[aukstās] uzkodas	starters/hors d'oeuvres
bezalkoholiskie dzērieni	soft drinks
dārzeņi	vegetables
dzērieni	drinks
gaļas ēdieni	meat dishes
gaļas uzkodas	cold cuts
karstās uzkodas	hot snacks
karstie dzērieni	hot drinks
konditorejas izstrādājumi	pastries and sweets

maize	bread
salāti	salads
sadējums	ice-cream
saldie ēdieni	desserts
sulas	juices
uzkodas	starters/hors d'oeuvres/snacks
veģetārie ēdieni	vegetarian dishes
zivju ēdieni	fish
zupas	soups

Names of some foods

āboli	apples
ābolkūka	apple strudel
ābolu sula	apple juice
aknas	liver
aknu pastēte	liver pate
apelsīni	oranges
āte	turbot
aveņu želeja	raspberry jelly
baltmaize	white bread
biezpiens	cottage cheese
biezpienmaizīte	curd cake
biezpiena plācenīši	curd fritters
biezpiena krēms	curd crème
bifšteks	beef steak

buljons ...	clear soup ...
ar frikadelēm	with meatballs
ar grauzdiņiem	with toasts
burkāni	carrots
bute	plaice
cepumi	biscuits/ccokies
cīsiņi	frankfurters
citrons	lemon
citronu želeja	lemon jelly
cūkgaļas cepetis	roast pork
cūkgaļas rulete	meat loaf
desa	sausage
forele	troat
gaļa	meat
gaļas salāti	meat salad
galerts	(*meat or fish*) jelly
garnele	prawn/shrimp
gurķi	cucumbers
kafija	coffee
kaviārs	caviar
kāposti	cabbage
karbonāde	pork chop
kartupeļi	potatoes
kartupeļi frī	French fries/chips
kartupeļu biezenis	mashed potatoes
kartupeļu sacepums ar gaļu	shepherd's pie

Eating and drinking out

kefīrs	kefir
kotlete	rissole
krējums	[sour] cream
krēms	cream dessert
krēmšnite	cream pastry
kūka	pastry
kūpināta vista	smoked chicken
kūpināts lasis	smoked salmon
kūpināts zutis	smoked eel
ķilavas	spiced sprats
ķimeņmaizīte	caraway roll
lapu salāti	lettuce salad
lasis	salmon
lazdu rieksti	hazelnuts
lociņi	spring onion
magoņmaizīte	poppyseed roll
nēģi	lamprey
ola	egg
pankūkas	pancakes
ar gaļu	with meat
ar biezpienu	with curds
ar ievārījumu	with jam
ar āboliem	with apples
pelēkie zirņi ar speķi	grey peas with bacon
piens	milk
pupiņu salāti	bean salad

putukrējums	whipped cream
rieksti	nuts
rīsu krēms	rice cream (*dessert*)
rolmopši	rolled herring fillet
rulete	1) meat loaf; 2) swiss roll
rupjmaize	rye bread
rupjmaizes krēms	rye bread cream (*dessert*)
saldējums	ice-cream
salāti	salad
saldskābmaize	fine rye bread
sēnes	mushrooms
siera salāti	cheese salad
siers	cheese
siļķe	herring
sīpoli	onions
sīpolu sitenis	steak with onions
speķa pīrādziņi	bacon rolls
speķis	bacon
sula	juice
sviests	butter
šķiņķis	ham
šprotes	smoked sprats
tēja	tea
ar citronu	with lemon
ar pienu	with milk

118 Eating and drinking out

teļa gaļa	veal
tomāti	tomatoes
torte	cake
uzputenis	mousse
vēršgaļa	beef
vīnogas	grapes
vista	chicken
vistas gaļas salāti	chicken salad
zaļie zirnīši	green peas
zupa	soup
žāvēta siļķe	red herring

Names of some drinks

alus	beer
aperitīvs	aperitif
baltvīns	white wine
brendijs	brandy
degvīns	vodka
konjaks	cognac
ķimelis	caraway cordial
liķieris	liqueur
Rīgas melnais balzams	Riga Black Balsam
rums	rum
sarkanvīns	red wine
šampanietis	champagne
tekila	tequila

vīns	wine
viskijs	whisky

Cooking terms

cepts	fried/roasted
eļļā	in oil
grauzdēts	toasted
kaltēts	dried
kūpināts	smoked
marinēts	pickled/ in marinade
... mērcē	with ... sauce
pikants	spicy
sālījumā	in brine
salds	sweet
sālīts	salted/salty
skābs	sour
sautēts/sutināts	stewed
vārīts	boiled
žāvēts	smoked
želejā	in jelly

The bill

I'd like to pay.	Es vēlos samaksāt.
Can I pay with a credit card?	Vai varu maksāt ar kredītkarti?

120 Eating and drinking out

Do you accept travellers' cheques?	Vai jūs pieņemat ceļojumčekus?
We'd like to pay separately.	Mēs vēlētos maksāt atsevišķi.
The bill, please.	Lūdzu, rēķinu!
Thank you. This is for you.	Paldies, tas ir jums!
Keep the change.	Paturiet atlikumu!
We did enjoy it, thank you.	Paldies, viss bija ļoti garšīgs.

Complaints

The food is cold.	Ēdiens ir auksts.
This is too ...	Tas ir pārāk ...
bitter	rūgts
salty	sāļš
sweet	salds
It isn't fresh/clean.	Tas nav svaigs/tīrs.
The meat is ...	Gaļa ir ...
overdone	apdegusi
too tough	pārāk sīksta
underdone	jēla
You've made a mistake in the bill.	Rēķinā ir kļūda.
Please, ask the head waiter to come over.	Lūdzu, pasauciet zāles pārzini!

ENTERTAINMENTS

Are you in the mood for opera, ballet, a play or concert? Or maybe a variety show? Riga has it all.

The theatre and opera season runs from September to June, but concerts are held all year round. Check with the hotel service desk for a current listing or look into "Riga This Week" available at all international hotels.

Theatre

The Latvians are said to be a nation of theatregoers. Performances include the plays by classical and modern Latvian authors as well as the works by world famous playwrights, like Shakespeare, Ibsen, Brecht, Chekhov, etc.

Latvijas Nacionālais teātris (National Theatre), Kronvalda bulvāris 2

Latvijas Dailes teātris (Daile Theatre), Brīvības iela 75

Entertainments

Rīgas Krievu drāmas teātris (Russian Drama Theatre), Kaļķu iela 16

Latvijas Valsts leļļu teātris (Puppet Theatre), K. Barona iela 16/18

The Latvian National Opera, Aspazijas bulvāris 3, is located in the centre of Riga.

Many leading singers and dancers of National Opera are now employed in Central and Western Europe. However, the opera and ballet companies have preserved high artistic standards.

I'd like to go to the theatre.	Es vēlos aiziet uz teātri.
What's on at the ... theatre?	Ko rāda ... teātrī?
I'd like one ticket/two tickets [for the matinee] on Sunday.	Es vēlos vienu biļeti/ divas biļetes svētdien [uz dienas izrādi].
I'd like a seat ...	Es vēlos vietu ...
in the front of the stalls	partera priekšējās rindās
somewhere in the middle	kaut kur vidū
not too far back	ne pārāk tālu no skatuves
in the balcony	balkonā

I'd like two/four seats in the boxes.	Es vēlos divas/četras vietas ložā.
How much [are the tickets]?	Cik maksā [biļetes]?
When does the show start?	Cikos sākas izrāde?
The programme, please.	Lūdzu, programmu!

Cinema

There are several cinemas in Riga. The largest cinema complex is *Coca-Cola Plaza Forum Cinemas* at 13. janvāra iela 8 (*Stockmann* department store). Here several Hollywood productions are shown daily. Similar films are shown in "Daile" (Kr. Barona iela 31). Films of more artistic kind you can see at "Kinogalerija" (Jauniela 24), "K. Suns" (Elizabetes iela 83/85), or "Rīga" (Elizabetes iela 61). Practically, all these are foreign films, usually there are Latvian or Latvian and Russian subtitles, or one of these languages in subtitles, the other as a "voice over" translation. Sometimes Latvian films (both old and new) are shown as well.

I want to go to the cinema tonight.	Es gribu šovakar aiziet uz kino.

What's on?	Ko rāda?
Is it a good film?	Vai tā ir laba filma?
I need one ticket/two tickets.	Man vajag vienu biļeti/divas biļetes.
I'd like … tickets in the … row, please.	Lūdzu, dodiet man … biļetes … rindā.

Concert, nightclub, casino, circus

In Riga, one can enjoy good classical, jazz and rock (pop) music. Classical music concerts are held in the Great Guild Hall ("Lielā Ģilde") at Amatu iela 6. The excellent acoustics and world-class organ in the Dom Cathedral ("Doma koncertzāle", in the Dom Square) make for incredible listening pleasure. Chamber music concerts are held in Wagner Hall, Vāgnera iela 4.

Circus (Merķeļa iela 4) is the only stationary circus in the Baltics.

Riga is very quickly earning the reputation of the city with the most boisterous night life in the Baltics. New clubs, tempting discotheques, casinos, and cabaret bars are to all tastes. *Grand Cabare Admiral* offers exclusive cabaret shows. Popular clubs are *PuPu*

Lounge, Dolls, Cherry Club, Big Point, Depo, "Kaļķu vārti", and some other.

I'd like to go to a … tonight.	Es gribu šovakar aiziet uz …
casino	kazino
circus show	cirku
concert	koncertu
nightclub	naktsklubu
Let's go to a … concert.	Aiziesim uz … koncertu.
chamber music	kamermūzikas
classical music	klasiskās mūzikas
folk music	folkmūzikas
jazz	džeza
organ music	ērģeļmūzikas
pop music	popmūzikas
rock music	rokmūzikas
Can you recommend a good nightclub/casino?	Vai jūs varat ieteikt labu naktsklubu/kazino?
What time does the floor show start?	Cikos sākas varietē?
I'd like one ticket/two tickets, please.	Lūdzu, vienu biļeti/divas biļetes.

STUDIES IN LATVIA

Higher education institutions offer academic programmes leading to *bakalaurs* (bachelor) and *maģistrs* (master) degrees, as well as professional higher education programmes (Level V). In medicine and dentistry (6 and 5 years of studies respectively) bachelor and master degrees are not applied. Doctoral studies last 3–4 years, the degree of master (or the equivalent) is required for admission to doctoral studies. The degree *doktors* (Doctor or internationally known as Ph.D.) can be achieved by public defence of a doctoral thesis (dissertation). Some universities and colleges offer study programmes to foreign students.

According to decision of Latvian Council of Higher Education the following institutions of higher education have university status:

    University of Latvia
    Riga Technical University
    Agriculture University of Latvia
    Stradiņš Riga University
    Daugavpils University

There are 15 state higher education institutions of non-university type (academies, university colleges, etc.) and many private colleges and academies. For full information on higher education in Latvia visit http://www.airc.lv (subsequently click on *Latvian ENIC/ NARIC*).

HEALTH

We certainly hope you won't get injured or catch a serious illness during this trip, and you won't have to use the key phrase of this chapter:

Get a doctor!   Izsauciet ārstu!

The doctor may ask you:

Kur jums sāp?   Where does it hurt?

But there are minor aches and pains, ailments and irritations that can upset the best-planned trip. If so, consult Latvian doctors — and make sure they can be relied on!

Emergency medical care in Riga:

Ambulance, phone 03

Traumatology and Orthopaedy Clinic, phone 7392563, Duntes iela 12/22

Riga City Hospital No. 1, Bruņinieku iela 5

Children's Clinical Hospital, Vienības gatve 45

Cardiological Centre, phone 7069548, Pilsoņu iela 13

Centre of Sexually Transmitted Diseases, phone 7295601

Dental Care Centre, phone 7455519, Dzirciema iela 20

What to say

Can you get me a doctor?	Vai jūs varat izsaukt ārstu?
Please, call for a doctor immediately!	Lūdzu, tūlīt piezvaniet ārstam.
Please, call for an ambulance!	Lūdzu, izsauciet neatliekamo palīdzību!
Is there a doctor here?	Vai šeit ir ārsts?
Could a doctor come to see me?	Vai pie manis varētu atnākt ārsts?
What time can the doctor come?	Cikos ārsts var atnākt?
Where's the surgery?	Kur ir ķirurģiskā nodaļa?
Where's the eye office?	Kur ir acu nodaļa?
I don't feel well.	Es nejūtos labi.
I am ill.	Es esmu slims (*masculine*)/slima (*feminine*).
My .. is ill.	Mans ... ir slims.
child	bērns
husband	vīrs
friend	draugs (*masculine*)
I've got a pain here.	Man te sāp.

Health

I feel sick.	Man ir nelabi.
I feel giddy.	Man reibst galva.
I'm running temperature.	Man ir temperatūra.
I've been vomitting.	Man ir vemšana.
I'm bleeding.	Man ir asiņošana.
I have a cold.	Es esmu saaukstējies.
I have chills.	Man ir drebuļi.

I have a ...   Man sāp ...
- headache   galva
- sore throat   kakls
- toothache   zobs

I have a ...   Man ir ...
- cough   klepus
- diarrhea   caureja

I've hurt my knee.	Es sasitu ceļgalu.
I've cut my hand.	Es sagriezu roku.
I've sprained my ankle.	Es sastiepu potīti.
I've dislocated my shoulder.	Es izmežģīju plecu.
I've broken my arm/leg.	Es salauzu roku/kāju.
I'm a diabetic.	Man ir diabēts.
I've a cardiac condition.	Es esmu sirds slimnieks.
I've a kidney/liver trouble.	Man ir slimas nieres/aknas.

Health

I'm allergic to …	Man ir alerģija pret …
I'm pregnant.	Es esmu stāvoklī.
I'd like to get a pain killer.	Lūdzu, dodiet man pretsāpju līdzekli!

Useful words

abdomen	vēders
arm	roka
back	mugura
bladder	urīnpūslis
ear	auss
elbow	elkonis
eye	acs
finger	pirksts
foot	pēda
gall bladder	žultspūslis
genitals	dzimumorgāni
hand	plauksta/roka
head	galva
heart	sirds
intestines	zarnas
jaw	žoklis
joint(s)	locītava(s)
kidney(s)	niere(s)
knee	ceļgals
leg	kāja

132 Health

liver	aknas
lungs	plaušas
mouth	mute
neck	kakls
nose	deguns
rib(s)	riba(s)
shoulder	plecs
spine	mugurkauls
stomach	kuņģis
throat	rīkle
tongue	mēle
tooth	zobs